MW00512675

Chef Claudio Esposito

La cuisine italienne en 100 recettes (Préparations rapides et faciles)

Titre : La cuisine italienne en 100 recettes

Auteur : Claudio Esposito

INDEX

INTRODUCTION

Au cours de ma carrière de chef, j'ai vu beaucoup de personnes aborder la cuisine depuis un certain temps, pleines d'enthousiasme et de dynamisme.

Puis, après quelques essais et erreurs, ils abandonnent et préfèrent aller dans un fast-food.

Tout cela fait un peu partie de la mentalité délétère du "je veux tout maintenant".

Grâce aux innombrables émissions de cuisine, l'idée que cuisiner n'importe quoi est facile, un jeu d'enfant : une simple liste d'ingrédients et c'est parti.

Eh bien, je suis désolé mais ce n'est pas le cas. Un chef cuisinier doit travailler dur pendant des années, chaque jour, pour acquérir certaines compétences : il n'existe pas de personne qui a appris à faire des plats compliqués du jour au lendemain.

Ce livre de cuisine se veut donc une étape de départ, avec des recettes réalisables et un faible quotient de difficulté.

Ensuite, si la passion persiste, on aura le temps d'en faire des plus complexes.

ANTIPASTI

Disques de lentilles et de brocoli

Préparation : 60 minutes

Difficulté : facile

Pour 4 personnes

Ingrédients

- 3 cuillères d'huile
- 4 oignons de Tropea
- 200g de lentilles
- 2 cuillères à soupe de romarin
- 1 cuillère à soupe de poudre de bouillon de légumes
- 350g de céleri
- 350g de pommes de terre
- 2 x 160g de brocoli
- 50g de fromage Parmesan râpé

Préparation

1

Faites chauffer l'huile dans une poêle antiadhésive et faites revenir les oignons jusqu'à ce qu'ils soient dorés. Mettez une pleine casserole d'eau à bouillir.

Versez les lentilles, le romarin, le bouillon et le vinaigre balsamique dans les oignons, versez 1 litre d'eau bouillante et laissez mijoter pendant 40 minutes pour ramollir les lentilles.

2

Placez la moitié du brocoli pendant 2 minutes dans une poêle chaude avec un filet d'huile sans trop le laisser tremper.

3

Déposez les lentilles dans quatre assiettes à l'aide d'un coupe-pâte, et parsemez le parmesan râpé sur le dessus. Recouvrez-les de la sauce et mettez-les au four avec la fonction *gril* à 200 degrés pendant environ 10 minutes. Servir avec des épinards.

Aubergines parmigiana

Cuisson : 1 heure

Difficulté : facile

Pour 2 personnes

Ingrédients

- 2 de taille moyenne
- 250 grammes de mozzarella de buffle (ou de mozzarella au lait de vache)
- 10 feuilles de basil de 10 feuilles d'herbe

Préparation

Faites chauffer le four à environ 180 degrés.

Lavez et coupez les aubergines en tranches et disposez-les dans un plat à four en faisant un petit trou au centre de chacune d'elles.

Mettez beaucoup d'huile d'olive sur le dessus.

Faites-les cuire au four pendant environ 35 minutes jusqu'à ce qu'ils soient secs. Mettez la pulpe de tomate dans un bol et assaisonnez avec l'huile, le sel, le poivre et le basilic. Versez la tomate sur l'aubergine et la mozzarella en tranches, en prenant soin de bien répartir le tout autour du plat, et terminez par un saupoudrage de parmesan.

Remettez-les dans le four et laissez-les pendant environ 10 minutes jusqu'à ce que la mozzarella soit filandreuse. Servir très chaud selon la tradition

Panzanella

Temps de cuisson : 40 minutes

Difficulté : moyenne

Pour 4 à 6 personnes

Ingrédients

- 1 kg de tom tomates bien mûres
- 300g de pain rassis
- 100ml d'huile d'huile d'olive extra vierge
- 2 échalotes
- 10 feuilles de basil de 10 feuilles d'herbe

Préparation

1

Chauffez le four à 200 degrés. Placez les tomates dans un bol et saupoudrez-les d'une cuillère à soupe de sel, puis laissez-les reposer pendant 15 minutes.

2

Répartissez uniformément les morceaux de pain sur une plaque de cuisson et arrosez-les d'une bonne quantité d'huile et d'ail. Mettez au four pendant environ 15 minutes jusqu'à ce que vous voyiez un léger grillage.

3

Hachez l'échalote et les olives, arrosez-les d'un peu d'huile. Mélangez les tomates, les anchois préalablement hachés, les olives, l'échalote et le basilic. Ajouter l'huile et le poivre.

Cassez le pain en petits morceaux, mélangez avec tout le reste.

Servir avec les feuilles de basilic restantes.

Gratin de champignons, pommes de terre et bacon

Cuisson : 3 heures

Difficulté : moyenne

Ingrédients pour 4 personnes

- 6 gousses d'ail
- 1 oignon
- 3 brins de thym
- 700 ml de crème
- 250 dés
- 60g de beurre
- 250g de champignons (chiodini ou porcini)
  1 kg de pommes de terre

Préparation

1

Placez les gousses d'ail, l'oignon, le thym, la crème et le lait dans une casserole. Portez à ébullition à feu doux, couvrez avec un couvercle et laissez cuire pendant 30 minutes jusqu'à ce que le mélange ait épaissi.

2

Retirez les restes d'herbes. Placez les cubes de guanciale dans une poêle et faites-les cuire jusqu'à ce qu'ils deviennent moelleux, c'est-à-dire que la graisse ait fondu. Ajoutez le beurre et les champignons et montez le feu pour les faire frire.

3

Coupez les pommes de terre en tranches très fines en laissant la peau. Graisser un plat à four avec un peu de beurre. Disposez les pommes de terre en couches, en les parsemant d'un peu de lard, de champignons et d'un peu de poivre. Terminez en versant la crème dessus, en veillant à ce qu'elle coule sur toutes les couches, et couvrez avec du papier d'aluminium.

4

Chauffez le four à 200 degrés. Faites cuire le gratin pendant 1 heure, puis retirez la feuille d'aluminium et faites cuire encore une heure ou jusqu'à ce qu'il ait formé une croûte sur le dessus. Laissez reposer et servez.

Focaccine aux olives

Cuisson : 30 minutes

Difficulté : facile

Ingrédients pour 6 personnes :

- 400g de farine
- 1 cuillère à soupe de levure
- 1 cuillère à café de sel
- 60g de beurre
- 5 cuillères à soupe d'huile d'olive extra vierge
- 8 tomates séchées
- 150 dés de taleggio
- 400 ml de lait entier
- 1 œuf battu

Préparation

1

Chauffez le four à 200 degrés.

Beurrez un moule à pâtisserie. Dans un bol, mélangez la farine, la levure et le sel.

Insérer le beurre, l'huile, les tomates, le fromage et les olives. Au centre, insérer le lait et mélanger dans un mouvement circulaire jusqu'à ce que tout devienne une grosse pâte collante.

2

Farinez vos mains et votre plan de travail et façonnez la pâte en un cercle d'environ 4 centimètres d'épaisseur. Coupez en six tranches et disposez-les bien espacées sur la plaque de cuisson.

Badigeonnez-les d'œuf battu et faites-les cuire au four pendant 15 à 20 minutes jusqu'à ce qu'ils soient levés. Transférer sur une grille et recouvrir de papier sulfurisé.

Omelette au fromage

Temps de cuisson : 15 minutes

Difficulté : facile

Ingrédients pour 1 personne :

- 3 cuillères à soupe d'huile d'olive
- 4 œufs battus
- 1 cuillère à soupe de ciboulette
- Sel et poivre au goût

Préparation

1

Faites chauffer l'huile d'olive dans une grande poêle à frire. Versez les œufs dans le moule, qui se raffermira immédiatement.

2

Soulevez les bords cuits de l'omelette avec une spatule et inclinez la poêle pour que l'œuf cru se retourne. Faites très attention pendant cette étape. Poursuivez la cuisson, en soulevant les bords et en inclinant la poêle, jusqu'à ce que l'omelette soit presque uniforme.

Retirer du feu et badigeonner le dessus avec l'œuf.

3

Saupoudrez l'omelette avec le fromage de chèvre, la ciboulette, le sel et le poivre. Soulevez un bord et repliez l'omelette au milieu sur le fromage et la ciboulette, puis repliez l'autre côté jusqu'à ce que toutes les garnitures soient couvertes.
Servir avec une pincée de ciboulette ou d'autres épices selon le goût.

Courgettes farcies

Temps de cuisson : 40 minutes

Difficulté : facile

Pour 4 personnes

Ingrédients

- 8 cuillères à soupe d'huile d'olive extra vierge
- 100g de chapelure
- 50 g d'am am amandes
- 10 échalotes
- 1 gousse d'ail
- 8 tomates séchées
- 8 sottilette
- 3 feuilles de laurier
- 50 grammes de fromage par parmesan

Méthode

1

Chauffez le four à 200 degrés.

Disposer les courgettes en une seule couche dans un plat à four peu profond, côté coupé vers le haut. Badigeonnez d'une cuillère à soupe d'huile et faites cuire au four pendant 20 minutes.

2

Pour la garniture, coupez les amandes, les échalotes
et les tomates séchées en petits morceaux et
mélangez tous les ingrédients dans un saladier.

3

Versez la garniture sur les courgettes et arrosez avec
le reste de l'huile d'olive. Faites cuire pendant
encore 15 minutes, jusqu'à ce qu'il y ait une croûte à
la surface.

Salade italienne

Préparation : 15 minutes

Difficulté : facile

Pour 8 personnes

Ingrédients :

- 200g de tomates cerises
- 4 anchois
- 20 olives noires
- 10 feuilles de basil de 10 feuilles d'herbe

Méthode

1

Faites cuire les haricots dans de l'eau bouillante salée jusqu'à ce qu'ils soient croustillants mais n'aient pas perdu leur texture.

Egouttez-les et assaisonnez-les avec beaucoup d'huile, du sel et du poivre.

2

Dans un bol, mélangez les anchois, les câpres et les olives hachées. Mélangez le tout et servez.

Saucisse et friarielli

Préparation : 20 minutes
Difficulté : facile

Portions : 4
Ingrédients

- 4 saucisses
- 80 grammes de friarielli en bocal
- 1 oignon
- 1 gousse d'ail
- Piment
- Pétrole qb
- Poivre au goût

Méthode

1
Retirez les boyaux de la saucisse.
Faites chauffer trois cuillères à soupe d'huile d'olive
dans une poêle et faites-y sauter les saucisses
jusqu'à ce qu'elles soient complètement noircies.

2
Dans une poêle, faites revenir l'ail dans un peu
d'huile et le piment : lorsque l'ail est doré, retirez-le
de la poêle.

Ajoutez les friarielli et faites-les sauter pendant cinq minutes.

Ajouter ensuite la saucisse, faire sauter le tout ensemble pendant deux minutes et saupoudrer de poivre.

Croquettes de riz

Préparation : 1 heure et demie
Difficulté : moyenne

Portions : 5
Ingrédients

- 100 grammes de porc
- 100 grammes de mortadelle
- 100 grammes de viande de bœuf
- 5 tasses d'eau salée
- 300 g de riz blanc
- 4 œufs
- 4 cuillers de pers
- Sel au goût
- Huile d'olive qb

Méthode

1
Mélangez le porc, la mortadelle et le bœuf dans une casserole avec un peu d'huile et laissez mijoter pendant une demi-heure.

2
Faites bouillir l'eau et versez-y le riz, puis réduisez le feu et laissez mijoter le riz pendant une demi-heure.

3

Placez le riz prêt sur une plaque à pâtisserie pour le laisser refroidir pendant 10 minutes. Placez ensuite le riz dans une grande soupière. Faites attention à ce qu'ils ne collent pas ensemble.

4

Mélangez la viande, le parmesan râpé, les œufs, le persil, le sel et le poivre moulu. Réfrigérer pendant deux heures en couvrant d'une pellicule plastique.

5

Sortez le riz du réfrigérateur et formez des boules de riz d'environ 2 pouces de diamètre, puis trempez-les dans la chapelure.

6

Mettez les croquettes dans une poêle à feu vif avec beaucoup d'huile, et laissez-les cuire pendant environ 10 minutes. Placez ensuite une feuille de papier de cuisine sur une assiette et laissez l'huile être absorbée.

Tomates, pois et pommes de terre

Préparation : 1 heure

Difficulté : moyenne

Pour 6 personnes

Ingrédients

- 10 cuillères à soupe d'huile d'olive
- 1 gros oignon, finement haché
- 40 grammes de céleri
- 6 carottes
- 4 poivres
- 4 tomates
- 3 pommes de terre
- 2 boîtes de 400 g de tomates en morceaux
- 2 feuilles de laurier

Méthode

1

Faites chauffer l'huile dans une poêle avec l'ail jusqu'à ce qu'il soit doré.

Faire sauter l'oignon, le céleri et les carottes pendant 15 minutes, puis ajouter les poivrons et continuer pendant 10 minutes.

2

Ajouter les tomates, la purée de tomates, les tomates coupées et les pommes de terre en tranches. Ajoutez le poivre et faites cuire pendant une demi-heure.

Versez dans une soupière, assaisonnez avec de l'huile supplémentaire et plus de poivre.

Sandwich avec saucisse et fromage

Préparation : 10 minutes

Difficulté : facile

Pour 1 personne

Ingrédients

- 2 saucisses coupées en deux
- 1 sandwich au lait
- 1 poivron rôti
- 1 oignon

Méthode

1

Faites chauffer le gril.

Placez les saucisses sur une plaque de cuisson, l'ouverture vers le bas, et faites-les griller pendant 5 minutes, jusqu'à ce qu'elles aient une croûte carbonisée.

Placez les tranches de pain dans une poêle et laissez-les reposer quelques minutes, jusqu'à ce qu'elles soient grillées. Étendre l'ail.

2

Placez deux tranches de fromage fontina sur chaque tranche de pain. Ajoutez les saucisses.

Pizz a avec du jambon

Préparation : 40 minutes

Difficulté : moyenne

Pour 4 personnes

Ingrédients :

Pour la pâte à pizza

- 800g de farine 00
- 2 cuillères à café de levure sèche
- 2 cuillères à café de sucre
- Cinq cuillères à soupe d'huile d'olive
- 100ml de sauce tomate
- 1 gousse d'ail écrasée

Méthode

1

Placez la farine et la levure dans un grand bol. 200ml d'eau froide et 200ml d'eau bouillante dans une cruche et mélanger. Ajoutez l'huile et une cuillère à café de sel à l'eau chaude, puis versez la farine. Pétrissez la pâte jusqu'à ce qu'elle soit souple.

2

Pétrissez la pâte pendant 15 minutes avec un peu de farine. Remettez-le dans le bol et couvrez-le avec une feuille. Laissez lever dans un endroit chaud pendant 1 heure.

3

Chauffez le four à 200 degrés et placez-les sur une plaque à pâtisserie. Une fois que la pâte a levé, retournez-la et recommencez l'opération avec la farine.

4

Versez les ingrédients de la sauce tomate dans un bol, salez et poivrez et mélangez bien.

5

Placez la base de la pizza dans un plat à four. Versez quatre cuillères à soupe de sauce tomate et la mozzarella sur le dessus. Faites cuire au four pendant 15 minutes

6

Retirez la pizza et placez les tranches de prosciutto sur la mozzarella.

Galettes de poulet

Préparation : 40 minutes
Difficulté : facile
Nombre de portions : 6
Ingrédients

- 1kg de poulet
- 50 gr de chapelure
- 1 cuillère à soupe de thym
- 1 cuillère à soupe d'origan
- 2 cuillères à soupe de romarin
- 30 gr de sauce
- Sel et poivre au goût

Méthode
1

Chauffez le four à 200 degrés.

2

Dans un bol, mélangez les ingrédients (sauf la tomate) et essayez de former des boules.
Placez-les sur une plaque à pâtisserie. Faites cuire pendant environ 20 minutes ou vérifiez l'intérieur de la galette pour voir si elle est cuite.

3

Dans une poêle, faites revenir une gousse d'ail,
retirez-la et versez la tomate. Laissez-le réduire et
assaisonnez-le avec un peu d'origan.

4

Sortir les boulettes du four et les recouvrir de la
sauce tomate.

PREMIERS COURS

Spaghetti aux fruits de mer

Préparation : 30 minutes

Difficulté : facile

Portions : 2

Ingrédients

- 5 cuillères à soupe d'huile d'olive
- 1 oignon
- 400gr de spaghetti
-
-
- 40 gr. de cre cre cre cre cre cre cre cre cre cre cre
-

Méthode

1

Faites chauffer l'huile dans une grande poêle, puis faites revenir l'oignon à feu moyen pendant 5 minutes.

Ajouter les fruits de mer préalablement lavés et désensablés : d'abord les moules et les palourdes nuancées au vin blanc, puis, une fois ouvertes, les crevettes.

2

Dans une casserole d'eau bouillante, versez les spaghettis. Faites-les cuire pendant environ 5 minutes, puis égouttez-les directement dans la poêle et poursuivez la cuisson pendant 3 minutes supplémentaires, en versant une partie de l'eau de cuisson.

3

Servir garni de persil haché et de poivre.

Risotto aux courgettes et au bacon

Préparation : 40 min

Difficulté : moyenne

Pour 2 personnes

Ingrédients

- 70 gr beurre
- 1 petit o o o o o en dés
-
-
- 2 courgettes coupées en tranches
-
-

Méthode

1

Placez le beurre dans une grande poêle à feu moyen. Ajoutez l'oignon et faites-le revenir pendant 5 minutes jusqu'à ce qu'il soit ramolli.

Versez le riz et laissez-le griller pendant environ 5 minutes pour faciliter la cuisson ultérieure.

2

Versez le bouillon de légumes bouillant petit à petit, en continuant à remuer jusqu'à ce que le liquide soit absorbé.

3

Versez les courgettes et le bacon et faites cuire pendant environ 5 minutes. Retirez le riz du feu et saupoudrez de parmesan pour le rendre crémeux.

Risotto aux champignons

Préparation : 1 heure

Difficulté : moyenne

Pour 4 personnes

Ingrédients

- 75g de beurre
- 1 échalote
-
- 300 g de riz carn carn carn carn carn carn du riz
- 100 ml vin blanc
-
-
-

Méthode

1

Faites chauffer le beurre dans une petite casserole. Ajoutez l'oignon et faites-le revenir pendant 4 minutes. Ajoutez le riz et laissez-le griller.

2

Ajoutez les champignons. Versez le vin et remuez lentement jusqu'à ce qu'il s'évapore.

3

Réduire à feu doux. Versez le bouillon de légumes petit à petit et continuez à remuer. Faites cela une vingtaine de fois jusqu'à ce que les champignons et le riz soient épais et crémeux.

4

Éteignez le feu, ajoutez le parmesan et le basilic et laissez reposer pendant deux minutes.

Spaghetti carbonara

Préparation : 20 minutes

Difficulté : facile

Pour 2 personnes

Ingrédients

- 100g de bacon
-
- 3 gros œufs
- 300g de spaghetti
- Poivre

Méthode

1

Mettez une grande casserole d'eau à bouillir.
Coupez le guanciale en dés et faites-le fondre dans
une poêle sans huile.

2

Battre les 3 gros œufs dans un bol, ajouter le
fromage pecorino râpé et le poivre jusqu'à obtenir
un mélange pâteux.

3

Plongez les spaghettis dans l'eau bouillante.

4

Lorsque les spaghettis sont cuits, versez-les dans la poêle de guanciale et mélangez pendant une minute pour faire adhérer la graisse.

5

Éteignez le feu. Versez les œufs et le fromage et mélangez lentement, pour ne pas faire d'omelette. Ajoutez une louche d'eau de cuisson pour les rendre plus crémeux.

Pâtes au pesto

Préparation : 30 minutes

Difficulté : facile

Pour 3 personnes

Ingrédients

- 300gr de spaghetti
-
- 100g de basilic
-
- 200ml d'huile d'olive extra vierge
- 2 gousses d'ail
- Poivre au goût

Méthode

1

Prenez un mortier.

Versez l'ail, le sel et le poivre et battez-les. Versez ensuite les feuilles de basilic et battez-les longuement, en ajoutant un filet d'huile de temps en temps.

Versez les pignons et suivez la même procédure.

Versez ensuite le fromage pecorino et plus d'huile.

2

Dans une casserole d'eau bouillante salée, versez les spaghettis. Lorsqu'ils sont cuits, versez-les dans une soupière.

3

Mettez le pesto sur le dessus et mélangez. Ne le faites pas chauffer car cela oxyderait le basilic.

Lasagnes

Préparation : 2 heures
Difficulté : moyenne

Portions : 10 personnes
Ingrédients

1 oignon, haché
250gr de tomate
200gr de viande hachée
30 feuilles pour les lasagnes
2 gros œufs
1 tasse de lait

Méthode

1

Faites revenir l'oignon dans une poêle. Ajoutez la tomate et faites cuire pendant environ une heure jusqu'à ce qu'elle soit réduite. Ajoutez ensuite la viande hachée et faites cuire pendant encore une heure.

2

Mélangez la ricotta, l'œuf, le lait et 1 cuillère à café de thym dans un bol.

3

Répartissez la tomate au fond d'un plat à four. Faites des couches avec la feuille de lasagne, la sauce tomate, la viande râpée et le fromage ricotta. Répétez les couches 4 fois.

5

Mettez au four et faites cuire à 180 degrés pendant une heure.

Pâtes au pesto sicilien

Préparation : 40 minutes

Difficulté : facile

Pour 3 personnes

Ingrédients

- 300gr de spaghetti
-
- 100g de ricotta
-
-
- 200ml d'huile d'olive extra vierge
- 2 gousses d'ail
- Poivre au goût

Méthode

1

Prenez un mortier.

Versez l'ail, le sel et le poivre et battez-les. Versez ensuite les tomates séchées au soleil et battez-les longuement, en ajoutant de temps en temps un filet d'huile.

Versez les pignons et suivez la même procédure.

Versez ensuite la ricotta, le pecorino et plus d'huile.

2

Dans une casserole d'eau bouillante salée, versez les spaghettis. Lorsqu'ils sont cuits, versez-les dans une soupière.

3

Mettez le pesto sur le dessus et mélangez. Ne le faites pas chauffer.

Pâtes à la Puttanesca

Préparation : 30 minutes

Difficulté : facile

Pour 4 personnes

Ingrédients

-
-
- 1 oignon, finement haché
- 1 cuillère à soupe de piment
- 1 cuillère à soupe de câpres salées
-
-
- 400gr de spaghetti

Méthode

1

Faites bouillir une casserole d'eau et versez-y les spaghettis.

2

Dans une poêle, versez l'huile, l'oignon et les anchois hachés. Faites sauter pendant deux minutes, puis ajoutez les tomates cerises.

2

Après dix minutes de cuisson, ajoutez les câpres et les olives.

3

Égoutter les spaghettis, les verser dans la poêle avec une cuillère à soupe d'eau de cuisson. Faites sauter pendant deux minutes et servez.

Gnudi toscans

Préparation : 50 minutes

Difficulté : facile

Pour 8 personnes

Ingrédients

- 600g d'épinards,
- 600g de ricotta
-
- 70 g de chapel chapel chapelure sèche
- 70g de farine 00
- noix de muscade
- 200 gr de parmesan
- 50g de beurre

Méthode

1

Faites cuire les épinards pendant 5 minutes et éliminez l'excès de liquide. Hachez finement les épinards. Placez les épinards dans un bol avec la ricotta, les jaunes d'œufs, la chapelure, la farine, la noix de muscade râpée et le parmesan. Mélangez bien.

2

Faites 32 boules avec vos mains de ce mélange.
Placez-les dans un plat à four et laissez-les refroidir.

3

Portez une grande casserole d'eau salée à ébullition.
Placez les gnudi dans l'eau et faites-les cuire
pendant 3 minutes. Egouttez-les dans une poêle
avec un peu de beurre fondu et servez en les
saupoudrant de parmesan.

Soupe aux haricots

Préparation : 30 minutes
Difficulté : facile

Portions : 4
Ingrédients

- 2 carottes
- 1 gros oignon
-
- 1 gousse d'ail
- 3 tasses d'eau
- 2 boîtes de haricots borlotti
- 1 boîte d'har haricots blancs
-
- Sel et poivre au goût

Méthode

1

Versez cinq cuillères à soupe d'huile dans une poêle à frire. Faites sauter la carotte et l'oignon pendant 5 minutes, puis ajoutez les champignons et laissez cuire pendant 15 minutes supplémentaires.

2

Versez l'eau, les haricots avec le liquide et le bouillon de légumes. Portez à ébullition, couvrez la marmite avec un couvercle et laissez mijoter pendant 20 minutes. Servir avec du poivre et du persil.

Pâtes aux saucisses et friarielli alla campana

Préparation : 30 minutes

Difficulté : facile

Pour 4 personnes

Ingrédients

- 500g de spaghetti
- 200g de fri fri fri fri fri fri fri fri fri fri fri fri 200g de fri fri fri fri fri fri
- 5 cuillères à soupe d'huile d'olive extra vierge
- 1 gousse d'ail
- 30g de piment
- 2 saucisses noires de porc
-

Méthode

1

Dans une poêle, mettez l'huile, l'ail, le piment et les friarielli. Faire sauter pendant deux minutes.

2

Ajoutez la saucisse et laissez-la assaisonner, en perçant la surface avec une fourchette.

3

Dans une casserole d'eau bouillante, mettez les spaghettis. Lorsqu'ils sont cuits, égouttez-les dans la marmite et faites-les sauter pendant 4 minutes.

4

Servir avec les flocons de pecorino.

Rigatoni brocoli et saucisse

Préparation : 30 minutes

Difficulté : facile

Portions : 4

Ingrédients

- 500 gr de rig rig rig rig rig rig rig rig rig rig rig rig rig rig
- 100gr de saucisse
- 1 oignon
- 40gr de brocoli
-
- 2 cuillères de persil
- Sel et poivre au goût

Méthode

1

Faites bouillir de l'eau dans une casserole.
Faites cuire les rigatoni al dente et mettez de côté
une tasse d'eau de cuisson.

2

Pendant ce temps, mettez l'oignon dans une poêle avec un peu d'huile, faites-le revenir et ajoutez le brocoli pour le faire cuire légèrement. Ajoutez un peu d'eau de cuisson et couvrez avec un couvercle et laissez cuire pendant 10 minutes.

3

Au bout de 10 minutes, soulevez le couvercle et mettez la saucisse pendant quelques minutes, peut-être mieux si vous l'émiettez d'abord. Égouttez les pâtes, mettez-les dans la poêle, faites-les cuire pendant cinq minutes et servez.

Rigatoni brocoli et saucisse

Préparation : 30 minutes

Difficulté : facile

Portions : 4

Ingrédients

- 500 gr de rig rig rig rig rig rig rig rig rig rig rig rig
- 100gr de saucisse
- 1 oignon
- 40gr de brocoli
-
- 2 cuillères de persil
- Sel et poivre au goût

Méthode

1

Faites bouillir de l'eau dans une casserole.

Faites cuire les rigatoni al dente et mettez de côté une tasse d'eau de cuisson.

2

Pendant ce temps, mettez l'oignon dans une poêle avec un peu d'huile, faites-le revenir et ajoutez le brocoli pour le faire cuire légèrement. Ajoutez un peu d'eau de cuisson et couvrez avec un couvercle et laissez cuire pendant 10 minutes.

3

Après 10 minutes, soulevez le couvercle et mettez la saucisse pendant quelques minutes. Égouttez les pâtes, placez-les dans la poêle, faites-les cuire pendant cinq minutes et servez.

Risotto à l'orge et aux pois

Préparation : 40 minutes

Difficulté : moyenne

Pour 3 personnes

Ingrédients

- 300 gr de riz Carn du R R R R R R R R R R R R R R R R R R R R R R R R R R R
- 1 oignon
- 2 gousses d'ail
- 100gr d'orge
- 1 1 litre de bou bou bouillon de légumes
-
- 1 cuillère à soupe de thym
- 50 gr beurre
-

Méthode

1

Faites fondre le beurre dans une casserole, faites revenir l'oignon et versez-y le riz pour le faire griller pendant 3-4 minutes.

2

Faites bouillir les carottes, le céleri et les oignons pour faire un bouillon de légumes. Un litre est suffisant. Ajouter lentement dans la marmite et remuer.

3

Lorsque le bouillon est sur le point de s'épuiser, ajoutez l'orge et les pois et continuez à remuer.

4

Après quelques minutes, retirez le risotto du feu et saupoudrez de parmesan pour le crémer. Servez après deux minutes.

Fettuccine alfredo

Préparation : 25 minutes

Difficulté : facile

Pour 3 personnes

Ingrédients

- 300gr de fettuccine
- 50g de beurre
- 100g de parmesan, râpé
-
-

Méthode

1

Dans une casserole, versez la crème, le beurre et le parmesan et laissez mijoter pendant 5 minutes jusqu'à ce qu'ils forment une crème homogène.

2

Faites bouillir deux litres d'eau dans une marmite et versez les fettuccine, en faisant attention à ce qu'elles ne collent pas. Faites cuire pendant trois minutes.

3

Versez les fettuccine dans la poêle avec un verre d'eau de cuisson. Faites cuire pendant une autre minute et servez.

Pâtes au pesto de noix

Préparation : 30 minutes

Difficulté : facile

Pour 4 personnes

Ingrédients

- 300gr de spaghetti
- 60g de noix
- 100g de ricotta
-
- 200ml d'huile d'olive extra vierge
- 2 gousses d'ail
- Poivre au goût

Méthode

1

Prenez un mortier.

Versez l'ail, le sel et le poivre et battez-les. Versez ensuite les noix et battez-les, en ajoutant un filet d'huile de temps en temps.

Versez ensuite la ricotta, le pecorino et plus d'huile.

2

Dans une casserole d'eau bouillante salée, versez les spaghettis. Lorsqu'ils sont cuits, versez-les dans une soupière.

3

Mettez le pesto sur le dessus, une tasse de l'eau de cuisson des pâtes et mélangez.

Crème de haricots et

d'épeautre

Préparation : 40 minutes
Difficulté : facile

Portions : 4
Ingrédients

- 3 carottes
- 1 gros oignon
- 100gr d'orge
- 1 gousse d'ail
- 2 boîtes de haricots borlotti
- 2 boîtes de haricots blancs espagnols
-
- Sel et poivre au goût

Méthode

1

Versez cinq cuillères à soupe d'huile dans une poêle à frire. Faites sauter la carotte et l'oignon pendant 5 minutes, puis ajoutez le farro et laissez reposer pendant 15 minutes supplémentaires.

2

Versez l'eau, les haricots avec le liquide et le bouillon de légumes. Portez à ébullition, couvrez la marmite avec un couvercle et laissez mijoter pendant 20 minutes. Servir avec du poivre et du persil.

Penne aux lentilles

Préparation : 40 minutes

Difficulté : facile

Pour 4 personnes

Ingrédients

- 1 oignon
- 2 carottes
- 1 céleri
- 200 gr de pur pur de tom tomate
-
- 1 cuillère à soupe de curcuma
- 2 cuillères à soupe de thym
-

Méthode

1

Faites chauffer l'huile dans une grande poêle antiadhésive et faites revenir les oignons pendant quelques minutes. Ajouter les carottes, le céleri et l'ail et faire sauter pendant encore 3 minutes jusqu'à ce que le mélange soit parfumé.

2

Versez la tomate et laissez réduire pendant 10 minutes. Ajoutez les lentilles, le curcuma et le thym et laissez mijoter pendant 20 minutes.

3

Ajoutez les pennes et faites cuire pendant 15 minutes supplémentaires, en ajoutant un peu d'eau si nécessaire.

Salade de pâtes

Préparation : 30 minutes

Difficulté : facile

Portions : 2

Ingrédients

- 300gr de pennette
- 10 olives noires en tranche
- 5 câpres
- 5 tranches de wusterl
- 1 poivron rouge, coupé en dés
-

Méthode

Étape 1

Dans une grande casserole d'eau bouillante salée, faites cuire les pâtes, puis rincez-les sous l'eau froide, salez-les à nouveau et laissez-les refroidir.

Étape 2

Dans un grand bol, mélanger tous les ingrédients et arroser d'huile d'olive. Laissez reposer et servez froid.

Pâtes au saumon et au pesto d'olives

Préparation : 30 minutes

Difficulté : facile

Pour 3 personnes

Ingrédients

- 300gr de spaghetti
- 100gr de saum saum saum saum saumon fumé
-
-
-
- 200ml d'huile d'olive extra vierge
- 2 gousses d'ail
- Poivre au goût

Méthode

1

Prenez un mortier.

Versez l'ail, le sel et le poivre et battez-les. Versez ensuite les olives et battez-les longuement, en ajoutant un filet d'huile de temps en temps.

Versez les pignons de pin et suivez la même procédure.

Versez ensuite le fromage pecorino et plus d'huile.

2

Dans une poêle, mettez cinq cuillères à soupe d'huile, une gousse d'ail et laissez-la agir deux minutes, puis retirez l'ail et mettez le saumon.

3

Dans une casserole d'eau bouillante salée, versez les spaghettis. Lorsqu'ils sont cuits, versez-les dans la poêle avec le saumon.

4

Mettez le pesto sur le dessus et mélangez. Ne le faites pas chauffer.

Risotto au lard et à la truffe noire

Préparation : 50 minutes

Difficulté : moyenne

Pour 4 personnes

Ingrédients

- 50g de beurre
-
- 1 échalote
-
- 150 ml vin blanc
- 1 litre de bou bou bou bou bou de poulet
-
- Flocons de truffe noire

Méthode

1

Faites chauffer le beurre dans une grande poêle.
Ajoutez l'oignon et laissez-le brunir. Mettez le riz à
griller.

2

Ajoutez le saindoux et laissez-le fondre pendant
quelques minutes, puis ajoutez le riz et laissez-le
griller.

3

Versez le bouillon de poulet. Poursuivre la cuisson
en remuant pendant 5 minutes. Ajouter et faire cuire
à feu moyen pendant 20 minutes, en versant le
bouillon et en remuant.

4

Poursuivre la cuisson en remuant très souvent.

Lorsque le riz est cuit, retirez du feu, incorporez le
beurre et le parmesan et laissez refroidir légèrement.

5

Garnir de copeaux de truffe noire et servir.

Soupe de légumes

Préparation : 30 minutes

Difficulté : facile

Pour 5 personnes

Ingrédients

- 3 carottes
- 1 pomme de terre
- 1 cuillère à soupe de romarin séché
- 500gr de pois chiches
-
-
- 20gr de fromage bleu

Méthode

1

Versez les légumes dans une marmite avec le romarin, le bouillon de légumes. Assaisonnez bien, remuez, portez à ébullition et couvrez avec un couvercle. Faire cuire à feu moyen pendant 10 minutes.

2

Versez les pois chiches dans la marmite, un peu d'huile et de poivre, un peu de romarin séché et laissez agir pendant cinq minutes.

3

Versez la tomate et laissez reposer pendant 10 minutes, en ajustant l'acidité avec un peu de sucre.

Rigatoni aux amandes et Taleggi ou

Préparation : 50 minutes

Difficulté : moyenne

Pour 6 personnes

Ingrédients

- 75 ml d'huile d'olive extra vierge
- 100 gr beurre
- 1 gousse d'ail
-
- 1 citron
-
- 700gr de rigatoni
- 150 gr de fromage taleggio
- Quelques feuilles de sauge

Méthode

1

Mettez le beurre dans une poêle avec l'huile pour le faire fondre à feu doux. Dans une autre poêle, mettez les amandes à griller pendant quelques minutes.

2

Portez une casserole d'eau bouillante à ébullition, ajoutez du sel et versez les rigatorni.

3

Ajoutez la sauge et les amandes dans la poêle. Après trois minutes, ajoutez le fromage taleggio et laissez-le fondre à feu doux jusqu'à ce que les pâtes soient prêtes.

4

Égouttez les pâtes et versez-les dans la marmite avec un verre d'eau de cuisson. Remuez pour créer une crème et servez.

Rouleaux de courgettes aux épinards et à la ricotta

Préparation : 40 minutes

Difficulté : facile

Pour 3 personnes

Ingrédients

- 3 cour cour cour cour cour dans la longueur
- 400g d'épinards
- 300gr de ricotta
- poivre
- 300gr de sauce tomate
- 5 cuillères à soupe de chapelure
-

Méthode

1

Chauffez le four à 200 degrés.

Badigeonnez d'huile les deux côtés des tranches de courgettes, puis posez-les sur une plaque de cuisson. Faites cuire au four pendant 20 minutes, en tournant une fois.

2

Faites bouillir les épinards pendant quelques minutes, puis placez-les dans un bac à glaçons pour qu'ils ne perdent pas leur couleur. Incorporer la ricotta, le poivre et la chapelure.

3

Mettez un peu d'épinards et de ricotta au milieu de chaque tranche de courgette, repliez-la pour la recouvrir et mettez-les dans un plat à four Versez la sauce tomate dessus, saupoudrez de chapelure et de parmesan et faites cuire au four pendant 20 minutes jusqu'à ce qu'elles soient dorées et chaudes.

Paccheri avec saucisse et brocoli

Préparation : 20 minutes

Difficulté : facile

Pour 4 personnes

Ingrédients

- 500 p p p p p p p p p
- 50gr de brocoli
- 300gr de saucisse piquante
- 1 cuillère à soupe de fenouil sauvage
- 1 gousse d'ail
- 1 piment
-

Méthode

1

Mettez les paccheri dans une grande quantité d'eau salée et faites-les cuire pendant 20 minutes.

Dans une poêle, mettez de l'ail, de l'huile et du piment et laissez agir, puis versez le brocoli.

2

Après dix minutes, retirez l'ail et versez la saucisse hachée. Faites cuire pendant huit minutes, en versant le fenouil sauvage.

3

Égoutter les pâtes et les placer dans la poêle. Versez une louche de l'eau de cuisson et laissez reposer encore deux minutes. Saupoudrer de parmesan et servir.

Tarte salée aux pommes de terre et au jambon

Préparation : 1 heure et 30 minutes

Difficulté : moyenne

Pour 6-8 personnes

Ingrédients

Pour les pâtes

-
- 400 g de farine 00
- sel

Pour la garniture

- 700g de pommes de terre
- 1 oignon, finement haché
- Six cuillères à soupe d'huile
- 3 gousses d'ail
- 200g de fromage taleggio
- 200g de jambon cuit
- 1 œuf battu

Méthode

1

Préparez la pâte. Mettez le beurre dans un bol avec la farine et le sel. Frottez le beurre dans la farine.

Ajoutez environ 10 cuillères à soupe d'eau au mélange et mélangez à nouveau. Coupez la pâte en deux et façonnez chacune d'elles en un disque plat. Envelopper dans une pellicule plastique et réfrigérer.

2

Faites cuire les pommes de terre pendant 10 minutes dans une grande quantité d'eau salée. Egouttez-les et laissez-les refroidir.

3

Faites revenir l'oignon et l'ail dans une poêle, puis ajoutez du fromage taleggio et laissez-le fondre.

4

Chauffez le four à 200 degrés.

Placez un morceau de pâte sur une surface légèrement farinée. Placez la pâte dans un moule à gâteau de 20cm x 5 de profondeur. Faites des trous dans toute la pâte à l'aide d'une fourchette et faites cuire pendant 10 minutes.

5

Coupez les pommes de terre refroidies en rondelles. Placez la moitié des pommes de terre dans la base, puis couvrez avec le jambon et le fromage et répétez trois fois.

6

Badigeonner le reste de la pâte en un cercle d'environ 8 pouces avec l'œuf battu. Faites cuire pendant 45 minutes, retirez du four et servez.

Saucisse et pommes de terre au four

Préparation : 50 minutes

Difficulté : moyenne

Pour 6 personnes

Ingrédients

- 300g de pommes de terre
- 10 cuillères à soupe d'huile
- 1 gousse d'ail
- 15 saucisses
-

Méthode

1

Chauffez le four à 200 degrés.

Mettez 1 cuillère à soupe d'huile dans une marmite et faites cuire les pommes de terre coupées en tranches avec le piment et le persil.

Placez les quartiers de pommes de terre dans un plat à four.

2

Utilisez la même poêle que celle utilisée pour les pommes de terre et mettez-y les saucisses, en les perçant à la surface avec une fourchette. Faites cuire pendant 15 minutes.

3

Placez les saucisses sur la plaque de cuisson et mettez la plaque au four. Faites cuire au four pendant 30 minutes. Retirez la plaque de cuisson, saupoudrez de parmesan et laissez gratiner pendant 10 minutes. Sortez et servez.

Poulet cacciatore

Préparation : 40 minutes

Difficulté : moyenne

Pour 4 personnes

Ingrédients

- 10 cuillères à soupe d'huile d'olive
- 1 oignon moyen
- 2 gousses d'ail, finement hachées
- 3 brins de thym
- 2 brins de romarin
- 4 poitrine de poulet
-
- 30 gr de sauce tom tom tom tom tom tom tom tom tom
-
- persil

Méthode

1

Faites chauffer l'huile dans une poêle avec l'oignon et les gousses d'ail. Ajoutez le thym et le romarin, baissez le feu et laissez parfumer.

2

Mettez les blancs de poulet dans la poêle.
Saupoudrer un peu de poivre sur le dessus et faire

cuire jusqu'à ce que les deux côtés soient bien colorés.

2

Retirez le poulet. Remettez la casserole sur le feu, augmentez la flamme et versez les champignons. Après un moment, versez les champignons et faites-les sauter pendant 5 minutes.

3

Mettez la sauce tomate dans la casserole. Laissez réduire pendant 10 minutes avec les champignons. Versez ensuite les blancs de poulet, baissez le feu et mettez un couvercle.

Faites cuire pendant environ 15 minutes, puis saupoudrez de persil et servez.

Agneau au vin rouge

Préparation : 2 heures 50 minutes

Difficulté : moyenne

Pour 4 personnes

Ingrédients

- 8 côtelettes d'agneau
- 1 1 litre de vin rouge
- 1 feuille de laurier
- 2 brins de thym
- Poivre au goût
- Noix de muscade
- Huile d'olive extra vierge
-
- 3 carottes
- 1 oignon

Méthode

1

Vous devez d'abord faire mariner la viande.

Au moins 8 heures à l'avance, mettez l'agneau dans un plat à four avec la feuille de laurier, le thym, le poivre et versez les trois quarts de la bouteille de vin. Laissez mariner pendant 8 heures. Lorsque vous devez vous préparer, prenez l'agneau, nettoyez-le et séchez-le.

2

Dans une poêle, mettre de l'huile et faire revenir l'oignon. Versez ensuite l'agneau et faites-le revenir pendant une dizaine de minutes.

Ajoutez le vin et l'assaisonnement et laissez mijoter pendant environ 15 minutes.

Ajoutez le bouillon et faites cuire pendant encore 15 minutes.

Puis mettez au four à 160 degrés et faites cuire 1 heure et demie.

3

Placez une partie de l'oignon et des carottes dans une poêle avec un peu d'huile.

Retirez la viande du four. Placez l'agneau dans la casserole pour le faire sauter une dernière fois avec l'oignon et les carottes, en veillant à ne pas renverser l'assaisonnement. Laissez reposer pendant 20 minutes en vérifiant la tendreté de la viande. Servir avec une salade d'accompagnement.

Roquette en tranches et fromage parmesan

Préparation : 20 minutes

Difficulté : facile

Pour 2 personnes

Ingrédients

-
- 1 gousse d'ail
- 3 feuilles de basilic
- 1 brin de romarin
- 2 cuillères d'huile
- 300 g de fromage du Pi Pi Pi Pi Pi Pi Pi Pi Pi Pi Pi Pi Pi Pi
- 25g de roquette
-
- Poivre
- tabasco

Méthode

1

Placez le basilic, l'ail, l'huile et le romarin dans une poêle avec un peu d'huile pour assaisonner.

Après deux minutes, retirez la branche de romarin.

2

Frottez le poivre et le tabasco sur les steaks, des deux côtés.

Mettez-les dans la poêle avec la sauce et faites-les cuire pendant environ 3 minutes. Versez ensuite le vin blanc et laissez-le s'estomper pendant encore 3 minutes.

3

Mettez le steak sur une assiette, coupez-le en carrés et versez la vinaigrette dessus. Ensuite, mettez des copeaux de parmesan sur le dessus, la roquette et servez.

Enfant dans le vin blanc

Préparation : 2 heures 50 minutes

Difficulté : moyenne

Pour 4 personnes

Ingrédients

- 8 côtes de chevreau
- 1 feuille de laurier
- 2 brins de thym
- Poivre au goût
- Huile d'olive extra vierge
- 3 carottes
- 1 oignon

Méthode

1

Vous devez d'abord faire mariner la viande.

Au moins 12 heures à l'avance, mettez le chevreau dans un plat à four avec le laurier, le thym, le poivre et versez les trois quarts de la bouteille de vin. Laissez mariner pendant 12 heures. Quand vous devez vous préparer, prenez l'enfant, nettoyez-le et séchez-le.

2

Dans une poêle, mettre de l'huile et faire revenir l'oignon. Versez ensuite le chevreau et faites-le sauter pendant une dizaine de minutes.

Ajoutez le vin et l'assaisonnement et laissez mijoter pendant environ 15 minutes.

Ajoutez le bouillon et faites cuire pendant encore 20 minutes.

Puis mettez au four à 160 degrés et faites cuire 1 heure et demie.

3

Placez une partie de l'oignon et des carottes dans une poêle avec un peu d'huile.

Retirez la viande du four. Placez le chevreau dans la casserole pour le faire sauter une dernière fois avec l'oignon et les carottes, en faisant attention à ne pas renverser l'assaisonnement. Laissez reposer pendant 25 minutes en vérifiant la tendreté de la viande.

Escalopes de dinde

Préparation : 10 minutes

Difficulté : facile

Pour 4 personnes

Ingrédients

- 50 gr beurre
- 10gr de sauge
- Un brin de romarin
- 4 tranches de jambon cuit
- 4 steaks de dinde
- Un verre de vin blanc

Méthode

1

Faites chauffer le beurre dans une poêle avec la sauge et le romarin et laissez-le fondre. Après dix minutes, retirez la branche de romarin.

2

Mettez dans la poêle les steaks de dinde préalablement écrasés au beurre et recouverts d'une tranche de jambon chacun. Après deux minutes, versez le verre de vin et laissez-le s'éteindre.

3

Faites cuire jusqu'à ce que les tranches de jambon soient croustillantes. Servir avec la sauce à la crème sur le dessus et un plat d'accompagnement frais.

Daurade royale rôtie

Préparation : 10 minutes

Difficulté : moyenne

Pour 4 personnes

Ingrédients

- 400g de pommes de terre
- 2 carottes
- 5 cuillères à soupe d'huile d'olive extra vierge
- 1 brin de romarin
- 4 filets de daurade
- 1 citron

Méthode

1

Nettoyez et écaillez le poisson. Retirez la peau.

Remplir avec les pommes de terre, les carottes, quelques feuilles de romarin et les olives noires.

2

Sur une plaque de cuisson beurrée, disposez des carottes coupées en rondelles, des pommes de terre coupées en rondelles et arrosez d'huile. Posez les filets de daurade sur le dessus.

3

Saupoudrer d'huile et de poivre. Allumez le four à 180 degrés et faites cuire pendant 20 minutes, en tournant à mi-cuisson.

4

Retirez le plat du four, arrosez le poisson avec le citron et laissez-le cuire pendant encore 10 minutes.

Sortez et servez avec les olives et les pommes de terre, en ajustant le sel.

Ragoût de poulet ou

Préparation : 2 heures

Difficulté : moyenne

Pour 5 personnes

Ingrédients

- 10 cuisses de poulet
- 100g de bacon
- 1 gros oignon, haché
- 2 branches de céleri hachées
- 2 feuilles de laurier

Méthode

1

Versez l'huile dans une poêle à frire. Faites revenir le poulet jusqu'à ce qu'il soit doré de tous les côtés, puis retirez le poulet et placez-le sur une feuille de papier absorbant.

2

Ajoutez le bacon dans la poêle et faites-le frire pendant 2 minutes, puis ajoutez l'oignon, le céleri et les poireaux. Faire cuire à feu moyen pendant 5 minutes. Ajoutez le persil et faites cuire pendant encore 2 minutes.

3

Remettez le poulet dans la poêle avec les feuilles de laurier et les petits pois. Déglacez avec le vin blanc, puis couvrez avec un couvercle et laissez cuire pendant une heure et demie à feu doux. Servir avec la sauce sur le dessus.

Pizza avec mozzarella de buffle et salami épicé

Préparation : 45 minutes

Difficulté : moyenne

Pour 2 personnes

Ingrédients

- 250 g de farine 00
- 1 cuillère à café de levure instantanée
- 5 cuillères d'huile
- 10 tranches de salami épicé

Méthode

1

Versez la farine dans un bol, incorporez la levure et 1 cuillère à café de sel. Faites un trou au centre et versez-y 100 ml d'eau chaude et deux cuillères à soupe d'huile. Remuez plusieurs fois jusqu'à ce que la pâte soit souple et humide.

2

Versez la pâte sur une surface légèrement farinée et pétrissez-la pendant 5 minutes jusqu'à ce qu'elle soit lisse. Couvrez et laissez reposer pour qu'il double de taille....

2

Lorsque la pâte a levé, remélangez-la dans le bol avec un peu de farine, puis posez-la sur une surface farinée et coupez-la en deux.

Versez une cuillère à soupe d'huile et étalez les deux pâtes pour obtenir une forme ronde d'environ 25-30 cm.

4

Placez le moule dans le four à 220 degrés.

Répartir la sauce tomate sur le mélange, puis ajouter la mozzarella de buffle (ou si vous le souhaitez en fin de cuisson).

Mettez le moule au four et faites-le cuire pendant 10 minutes.

A la sortie, mettez les tranches de salami.

SOUPE BOLOGNIENNE

Préparation : 50 minutes
Difficulté : facile

Pour 4 personnes
Ingrédients

- 5 cuillères à soupe d'huile d'olive extra vierge
- 2 oignons hachés
- 2 carottes coupées en tranches
- 2 céleri
- 1 gousse d'ail, finement hachée
- 250gr de sauce tomate
- 250gr de viande hachée
- 1 cuillère à soupe de poudre de bouillon de légumes
- 1 cuillère à café de curcuma
- 2 brins de thym frais
- 1 feuille de sauge

Méthode

1
Faites chauffer l'huile dans une poêle et faites revenir les oignons pendant quelques minutes. Ajouter les carottes, le céleri et l'ail, puis faire sauter pendant 5 minutes.

2

Ajoutez la viande et laissez-la absorber
l'assaisonnement. Lorsque la viande est cuite,
ajoutez le bouillon de tomates et de légumes ainsi
qu'un litre d'eau. Ajoutez le thym, le curcuma et le
poivre. Couvrez avec un couvercle et faites cuire
pendant 30 minutes.

3

Lorsque la sauce bout, retirez le couvercle et
éteignez le feu. Mettez beaucoup de parmesan râpé
sur le dessus et servez avec des croûtons de pain
grillé.

Filet de boeuf aux poivrons

Préparation : 20 minutes

Difficulté : facile

Pour 4 personnes

Ingrédients

- 4 morceaux de filet Angus d'Argentine ou d'Irlande
- 30 gr beurre
- poivre
- 1 oignon
- 4 poivrons coupés en bandes
- Origan au goût

Méthode

1

Dans une poêle, mettez l'huile et faites revenir l'oignon.

2

Coupez les poivrons en lanières, en enlevant les graines. Placez-les dans le sens de la longueur dans la poêle et faites-les cuire à feu moyen pendant 10 minutes.

3

Dans une autre poêle, faites fondre le beurre. Salez et poivrez les deux côtés des tranches de filet, puis placez-les dans la poêle et faites-les cuire pendant quelques minutes.

Pizza au thon et aux oignons

Préparation : 45 minutes

Difficulté : moyenne

Pour 2 personnes

Ingrédients

- 250 g de farine 00
- 1 cuillère à café de levure instantanée
- 5 cuillères d'huile
- 2 oignons
- 2 boîtes de thon

Méthode

1

Versez la farine dans un bol, incorporez la levure et 1 cuillère à café de sel. Faites un trou au centre et versez-y 100 ml d'eau chaude et deux cuillères à soupe d'huile. Remuez plusieurs fois jusqu'à ce que la pâte soit souple et humide.

2

Versez la pâte sur une surface légèrement farinée et pétrissez-la pendant 5 minutes jusqu'à ce qu'elle soit lisse. Couvrez et laissez reposer pour qu'il double de taille....

2

Lorsque la pâte a levé, remélangez-la dans le bol avec un peu de farine, puis posez-la sur une surface farinée et coupez-la en deux.

Versez une cuillère à soupe d'huile et étalez les deux pâtes pour obtenir une forme ronde d'environ 25-30 cm.

4

Placez le moule dans le four à 220 degrés.

Répartir la sauce tomate sur le mélange, puis ajouter la mozzarella. Coupez les oignons en tranches et disposez-les sur le dessus.

Mettez le moule au four et faites-le cuire pendant 10 minutes.

En sortant, mettez le thon en boîte.

Tarte salée à la ricotta et aux champignons

Préparation : 1 heure et 30 minutes

Difficulté : moyenne

Pour 6-8 personnes

Ingrédients

Pour les pâtes

- 400 g de farine 00
- sel

Pour la garniture

- 700g de pommes de terre
- 1 oignon, finement haché
- Six cuillères à soupe d'huile
- 3 gousses d'ail
- 200g de ricotta
- 300g de champignons
- 1 œuf battu

Méthode

1

Préparez la pâte. Mettez le beurre dans un bol avec la farine et le sel. Frottez le beurre dans la farine. Ajoutez environ 10 cuillères à soupe d'eau au mélange et mélangez à nouveau. Coupez la pâte en deux et façonnez chacune d'elles en un disque plat. Envelopper dans une pellicule plastique et réfrigérer.

2

Faites cuire les pommes de terre pendant 10 minutes dans une grande quantité d'eau salée. Egouttez-les et laissez-les refroidir.

3

Faites revenir l'oignon et l'ail dans une poêle, puis ajoutez du fromage taleggio et laissez-le fondre.

4

Chauffez le four à 200 degrés.

Placez un morceau de pâte sur une surface légèrement farinée. Placez la pâte dans un moule à gâteau de 20cm x 5 de profondeur. Faites des trous dans toute la pâte à l'aide d'une fourchette et faites cuire pendant 10 minutes.

5

Coupez les pommes de terre refroidies en rondelles. Placez la moitié des pommes de terre dans la base, puis couvrez avec la ricotta et les champignons et répétez trois fois.

6

Badigeonner le reste de la pâte en un cercle d'environ 8 pouces avec l'œuf battu. Faites cuire pendant 45 minutes, retirez du four et servez.

Ragoût de saucisses et de thym

Préparation : 40 minutes

Difficulté : facile

Pour 6 personnes

Ingrédients

- 12 saucisses
- 9 cuillères à soupe d'huile d'olive
- 2 carottes
- 1 céleri
- 1 oignon
- 2 brins de romarin haché
- 700ml de bouillon
- 700 grs de pommes de terre

Méthode

1

Placez les saucisses dans une poêle remplie d'huile. Ajoutez les carottes, le céleri et l'oignon et faites cuire pendant 10 minutes, en ajoutant le romarin haché. Ajouter les lentilles, les tomates et le bouillon. Portez à ébullition, couvrez et laissez mijoter pendant 25 minutes. Retirez le couvercle et laissez cuire pendant encore 10 minutes.

2

Pendant ce temps, faites bouillir les pommes de terre jusqu'à ce qu'elles soient tendres. Dans une autre casserole, faites chauffer le lait, l'ail restant et le romarin jusqu'à ébullition, puis éteignez le feu. Egouttez bien les pommes de terre.

3

Arrosez les pommes de terre avec le lait chaud et écrasez-les avec le reste de l'huile, puis assaisonnez.

Porchetta

Préparation : 2 heures et 30 minutes

Difficulté : moyenne

Pour 6-8 personnes

Ingrédients

- 2 kg de porc à l'os
- 2 brins de romarin
- 1 piment cassé
- 10 cuillères à soupe d'huile
- 1 oignon
- 1 fenouil
- 100gr de chapelure
- 5 feuilles de sauge
- 1 cuillère à soupe de jus de citron
- noix de muscade fraîchement râpée
- 1 œuf

Méthode

1

Percez des trous dans la peau du porc. Marquez jusqu'à juste avant le point où la peau rencontre la graisse. Faites bouillir une marmite et immergez la viande, faites-la bouillir pendant 10 minutes et laissez-la refroidir.

2

Hachez la sauge et broyez les épices avec un mortier. Ajouter le poivre, l'ail et le jus de citron.

3

Retournez la viande et percez le dessous.
Saupoudrez le mélange d'épices et laissez mariner
au réfrigérateur pendant environ dix heures.

4

Après dix heures, faites chauffer l'oignon, le fenouil
et le romarin dans une poêle. Ajouter l'ail et cuire
pendant deux minutes, puis les épices. Laissez-le
agir pendant quinze minutes. Ensuite, prenez et
laissez refroidir.

5

Dans un bol, mélangez le zeste d'orange, les
pignons, le jus de citron et la noix de muscade.
Ajoutez l'œuf et mélangez le tout.

6

Posez la poitrine de porc. Au centre de la panse,
étalez la farce et attachez-la avec une ficelle. Puis
laissez-le refroidir.

7

Faites cuire au four à 180 degrés pendant environ 4
heures en le retournant toutes les heures.

Ragoût de crevettes

Préparation : 40 minutes

Difficulté : facile

Pour 4 personnes

Ingrédients

- 400g de pommes de terre
- 1 morceaux
- 2 gousses d'ail
- 150 du de vin blanc
- 500g de crevettes
- Jus de citron
- 1 cuillère à café de câpres

Méthode

1

Placez les pommes de terre dans une casserole d'eau bouillante. Faites cuire pendant vingt minutes.

2

Dans une autre poêle, mettez le céleri et les oignons et faites-les sauter. Puis l'ail et laissez cuire pendant 10 minutes.

Retirez l'ail et mettez les morceaux d'anchois.

Faites-les fondre dans la poêle.

3

Versez les crevettes et après une minute, ajoutez le vin blanc. Ajoutez la tomate, puis les pommes de terre. Servir avec du pain grillé.

Ragoût de bœuf

Préparation : 20 minutes

Difficulté : facile

Pour 2 personnes

Ingrédients

- 1 oignon
- 5 cuillères à soupe d'huile d'olive
- 2 morceaux de viande de bœuf
- 1 poivre
- brin de romarin, haché
- olives vertes

Méthode

1

Dans une grande casserole, faire cuire l'oignon et l'ail dans l'huile d'olive pendant 5 minutes jusqu'à ce qu'ils soient ramollis et dorés. Ajouter les lanières de bœuf, le poivron, les tomates et le romarin et porter à ébullition. Laissez mijoter pendant 15 minutes jusqu'à ce que la viande soit bien cuite, en ajoutant de l'eau bouillante si nécessaire.

2

Laissez la viande se reposer.

Assaisonnez les olives et les câpres avec le sel, l'huile, l'origan et le poivre.

Répartissez la vinaigrette sur la viande et servez.

Ragoût de pois chiches

Préparation : 30 min
Difficulté : facile

Pour 6 personnes
Ingrédients

- 500g de pommes de terre
- 1 oignon rouge
- 2 gousses d'ail
- piment
- 100 ml vin blanc
- 10 tomates
- 2 paquets de pois chiches
- 2 cuillères à soupe de jus de citron
- 6 cuillères à soupe de persil frais haché
- 4 cuillères à soupe d'huile d'olive extra vierge

Méthode

1

Faites cuire les pommes de terre dans de l'eau bouillante salée pendant 15 à 20 minutes jusqu'à ce qu'elles soient dorées. Pendant ce temps, versez les épinards dans une casserole. Versez l'eau bouillante de la bouilloire sur eux pour les flétrir, puis passez-les sous le robinet froid jusqu'à ce qu'ils aient refroidi pour conserver leur couleur. Laissez-les s'égoutter. Coupez les pommes de terre en morceaux.

2

Faites chauffer l'huile d'olive dans une poêle et faites cuire l'oignon et l'ail à feu doux pendant 4 minutes jusqu'à ce qu'ils soient dorés. Ajoutez les piments et le vin, versez la moitié des tomates et faites cuire à feu modéré jusqu'à ce que presque tout le vin se soit évaporé. Ajouter les pois chiches, les pommes de terre et les épinards. Cuire pendant 10 minutes

3

Ajouter le jus de citron, le persil et le reste des tomates. Assaisonnez avec du sel et du poivre selon votre goût.

Poulet cacciatore

Préparation : 40 minutes
Difficulté : moyenne

Pour 4 personnes
Ingrédients
10   cuillères à soupe d'huile d'olive
-2 brins de rom rom 2
-4   poitrines de poulet
- 50   pour pour le vin blanc
30gr de   sauce tomate
-200gr de   champignons prataioli
- •   persil

Méthode
1
Faites chauffer l'huile dans une poêle avec l'oignon
et les gousses d'ail. Ajoutez le thym et le romarin,
baissez le feu et laissez parfumer.
2
Mettez les blancs de poulet dans la poêle.
Saupoudrer un peu de poivre sur le dessus et faire
cuire jusqu'à ce que les deux côtés soient bien
colorés.
2
Retirez le poulet. Remettez la casserole sur le feu,
augmentez la flamme et versez les champignons.

Après un moment, versez les champignons et faites-les sauter pendant 5 minutes.

3

Mettez la sauce tomate dans la casserole. Laissez réduire pendant 10 minutes avec les champignons. Versez ensuite les blancs de poulet, baissez le feu et mettez un couvercle.

Faites cuire pendant environ 15 minutes, puis saupoudrez de persil et servez.

Croquettes de thon

Préparation : 30 minutes
Difficulté : facile

Ingrédients

- 100 grammes de thon
- 5 tasses d'eau salée
- 300 g de riz blanc
- 4 œufs
- 4 cuillers de pers
- Sel au goût
- Huile d'olive

Méthode

1

Mettez le thon frais dans une poêle avec un filet d'huile et faites-le cuire à feu doux pendant une demi-heure.

2

Faites bouillir l'eau et versez-y le riz, puis réduisez le feu et laissez mijoter le riz pendant une demi-heure.

3

Placez le riz prêt sur une plaque à pâtisserie pour le laisser refroidir pendant 10 minutes. Placez ensuite le riz dans une grande soupière.

4

Mélangez le thon, le parmesan râpé, les œufs, le persil, le sel et le poivre moulu. Réfrigérer pendant deux heures.

5

Sortez le riz du réfrigérateur et formez des boules de riz d'environ 2 pouces de diamètre, puis trempez-les dans la chapelure.

6

Placez les croquettes dans une poêle à feu vif avec cinq cuillères à soupe d'huile, et laissez-les cuire pendant environ 10 minutes. Placez ensuite une feuille de papier de cuisine sur une assiette et laissez l'huile s'absorber.

Bar et moules

Préparation : 15 minutes

Pour 4 personnes

Ingrédients

- 2 cuillères à soupe d'huile d'olive
- 2 gousses d'ail
- 500g de moules
- bouquet de basilic
- boîte de 400 g de tomates hachées
- 12 crevettes
- 8 file de bar
- pain croustillant, pour servir

Méthode

1

Faites chauffer l'huile dans une grande poêle. Ajoutez l'ail et le piment. Faire sauter jusqu'à ce qu'ils soient ramollis, puis ajouter les tomates et le vin. Laissez mijoter pendant 40 minutes jusqu'à ce que la sauce ait épaissi.

2

Répartir les moules et les crevettes sur la sauce, mettre les filets de bar par-dessus et les faire cuire dans une poêle pendant 10 minutes en ajoutant de l'huile et du citron.

3

Faire griller deux tranches de pain avec de la tartinade à l'ail sur le dessus et servir.

Boulettes de viande de porc

Préparation : 40 minutes
Difficulté : facile
Nombre de portions : 6
Ingrédients

- 1kg de porc
- 50 gr de chapelure
- 1 cuillère à soupe de thym
- 1 cuillère à soupe d'origan
- 30 gr de sauce tomato
- Sel et poivre au goût

Méthode
1

Chauffez le four à 200 degrés.

2

Dans un bol, mélangez les ingrédients (sauf la tomate) et essayez de former des boules.
Placez-les sur une plaque à pâtisserie. Faites cuire pendant environ 20 minutes ou vérifiez l'intérieur de la galette pour voir si elle est cuite.
3

Dans une poêle, faites revenir une gousse d'ail, retirez-la et versez la tomate. Laissez-le réduire et assaisonnez-le avec un peu d'origan.

4
Sortez les boulettes de viande du four et assaisonnez-les avec la sauce tomate.

Rôti de porc

Préparation : 2 heures

Difficulté : moyenne

Pour 8 personnes

Ingrédients

- 2 gousses d'ail
- Poivre au goût
- 2 ½ cuillères à soupe d'huile d'olive
- 1,8 kg d'échine de porc roulée en boyau
- 1 oignon
- 1 citron

Méthode

1

Placez le porc, côté peau vers le haut, dans un bol et versez une bouilloire pleine d'eau bouillante dessus. Égoutter, éponger et placer, côté peau vers le bas, sur une planche à découper. Roulez la longe et attachez-la à intervalles réguliers avec de la ficelle de cuisine. Placez les herbes et l'oignon au centre d'un plat de cuisson et placez le porc par-dessus. Salez la peau extérieure.

2

Chauffez le four à 200 degrés.

Enduisez la peau du porc de sel et d'huile et saupoudrez les graines de fenouil. Faites rôtir la viande pendant 40 minutes, en vérifiant la cuisson toutes les 10 minutes. Ensuite, tournez le four à 160 degrés et continuez la cuisson pendant 1 heure. Frottez la peau du porc avec le reste de l'huile.

3

Faites chauffer le bouillon de légumes et versez-le sur le porc une fois la cuisson terminée.

Poulet au romarin

Préparation : 5 minutes **Cuisson :** 30 minutes

Pour 4 personnes

Ingrédients

- 4 cuisses de poulet
- 1 brin de romarin
- 1 oignon
- 500gr de tomate
- 2 cuillères à soupe de câpres

Méthode

1

Faites dorer le poulet dans une cocotte. Ajoutez la moitié du romarin haché, faites cuire pendant 20 minutes et retirez, puis mettez de côté sur une assiette.

2

Dans la même poêle, faites cuire l'oignon pendant 5 minutes jusqu'à ce qu'il soit bien doré.

Ajoutez les anchois et faites-les fondre à l'aide d'une cuillère en bois. Ajoutez l'ail et le romarin, puis faites frire pendant quelques minutes supplémentaires. Versez les tomates et les câpres avec un peu d'eau froide. Portez à ébullition, puis remettez les morceaux de poulet dans la casserole. Couvrez et laissez cuire pendant 20 minutes jusqu'à ce que le poulet soit bien cuit. Assaisonnez et servez avec une salade verte croquante et du pain croustillant.

Tagliatelles au beurre et à la sauge

Préparation : 10 minutes

Difficulté : facile

Ingrédients

- 200g de beurre
- 30 feuilles de sauge
- 400g de nouilles aux oeufs

Méthode

1

Faites fondre le beurre dans une poêle avec l'ail. Mettez les feuilles de sauge et laissez mijoter pour donner un bon goût au beurre. Après environ 10 minutes, retirez la sauge et ajoutez le citron.

2

Portez une casserole pleine d'eau à ébullition et ajoutez du sel. Mettez les pâtes aux œufs et faites-les cuire pendant quelques minutes : les pâtes aux œufs ont tendance à se défaire rapidement, la cuisson doit donc être rapide.

Placez les nouilles dans la poêle avec le beurre et faites-les sauter pendant une minute.

3

Déposer sur une assiette, saupoudrer de poivre et de parmesan râpé.

Soupe aux lentilles

Préparation : 20 minutes
Difficulté : facile

Portions : 6
Ingrédients

- 3 carottes
- 1 oignon
- 1 gousse d'ail
- 30gr de bacon
- 2 boîtes de lentilles
- Sel et poivre au goût

Méthode

1

Versez cinq cuillères à soupe d'huile dans une poêle à frire. Faites sauter la carotte et l'oignon pendant 5 minutes, puis ajoutez les champignons et laissez cuire pendant 15 minutes supplémentaires.

2

Mettez un peu de beurre dans une deuxième poêle et faites-le dorer. Mettez le bacon à frire à feu doux pendant 10 minutes.

3

Versez l'eau, les lentilles et le bouillon de légumes. Portez à ébullition, couvrez la marmite avec un couvercle et laissez mijoter pendant 20 minutes. Servir avec du poivre et du persil.

Hamburger de porc

Préparation : 15 minutes

Difficulté : facile

Portions : 4 personnes

Ça fait quatre.

Ingrédients

- 5gr de piment
- Origan
- tabasco
- 8 olives noires
- Poivre
-

Méthode

1

Dans une poêle, faites revenir l'ail dans l'huile jusqu'à ce qu'il soit doré.

Ajoutez le piment, les épinards et laissez mijoter pendant 5 minutes.

2

Mettez du sel, du poivre et du Tabasco sur les deux côtés du burger.

Mettez-les dans la poêle et montez le feu.

3

Quand ils sont presque cuits, ajoutez l'origan et le thym.

Servir dans un plat de service avec les olives et les épinards.

Minestrone de légumes

Préparation : 45 min

Difficulté : facile

Pour 6 personnes

Ingrédients

- 1 oignon
- 3 carottes
- 2 branches de céleri
- Huile d'olive
- 2 feuilles de laurier
- 1 courgette
- 30gr de blettes
- 300gr d'épeautre
- 1 litre de bouillon de légumes
- 100 g de fromage

Méthode

1

Faites revenir l'oignon, la carotte et le céleri dans l'huile dans une casserole.

Coupez les carottes et les courgettes en morceaux, ajoutez-les et faites-les cuire à feu moyen pendant 10 minutes jusqu'à ce qu'elles perdent un peu de leur excès d'eau.

2

Versez les haricots, le bouillon et le reste des légumes, puis laissez mijoter pendant 40 minutes.

Lorsqu'il reste 5 minutes, ajoutez le parmesan.

Servir très chaud et mettre un filet d'huile supplémentaire sur l'assiette.

Giardiniera de légumes

Préparation : 45 minutes **(1 jour de marinade)**
Difficulté : moyenne

Portions : 8
Ingrédients

- 2 poivrons verts
- 2 poivrons rouges
- 2 poivrons jaunes
- 1 céleri
- 2 carottes
- 2 oignons de printemps
- 20gr de friarielli
- 1 cuillère à soupe d'origan
- Poivre au goût
- 1 tasse vina du blanc
- 1 tasse d'huile d'olive

Méthode
1

Couper en gros morceaux les poivrons, les oignons
de printemps, les carottes, le céleri, les friarielli et
les olives.
Placez tous les légumes dans un bol.

Mettez du sel uniformément sur tous les légumes et remplissez d'eau.
Couvrez le bol d'une feuille d'aluminium et laissez mariner toute la nuit.

2

Le lendemain, égouttez l'eau salée et rincez les légumes. Dans un plat séparé, mélangez l'ail, l'origan, le poivre et quelques olives. Puis mettre l'huile et le vinaigre, en mélangeant bien.
Remettez au réfrigérateur et laissez mariner pendant une demi-journée.

Côtelettes de porc

Préparation : 40 minutes

Difficulté : facile

Nombre de portions : 6
Ingrédients

- 1 gousse d'ail, émincée
- Poivre au goût
- Une cuillère à soupe de tabasco
- 1 cuillère à soupe de sauce Worcestershire
- 1 cuillère à soupe de moutarde
- 6 côtelettes de porc

Méthode

1

Mélanger la sauce Worcestershire, la moutarde, 1 cuillère à café de sel et 1 cuillère à café de poivre dans une poêle.
Laisser mijoter pendant 10 minutes

2

Préparez un gril et huilez-le.

3

Assaisonnez les deux côtés des côtes avec l'huile, le sel, le poivre et le Tabasco. Puis les badigeonner avec la sauce de la poêle.

4

Placez les côtelettes sur le gril et faites-les cuire jusqu'au degré de cuisson désiré. Servir avec du pain grillé et des tomates.

Saucisse et aubergines

Préparation : 30 minutes
Difficulté : facile

Portions : 4
Ingrédients

- 4 saucisses
- 4 aubergines
- 1 oignon
- 1 gousse d'ail
- Piment
- Tabasco
- Pétrole qb
- Poivre au goût

Méthode

1

Retirez les boyaux de la saucisse.
Faites chauffer trois cuillères à soupe d'huile d'olive
dans une poêle et faites-y sauter les saucisses
jusqu'à ce qu'elles soient complètement noircies.
Ajouter le tabasco.

2

Dans une poêle, faites revenir l'ail dans un peu d'huile et le piment : lorsque l'ail est doré, retirez-le de la poêle.

Coupez les aubergines en morceaux et faites-les frire dans l'huile pendant 10 minutes.

Ajouter ensuite la saucisse, faire sauter le tout ensemble pendant 5 minutes et saupoudrer de poivre.

Galettes de saucisses

Préparation : 40 minutes
Difficulté : facile
Nombre de portions : 6
Ingrédients

- 1kg de saucisses
- 1 cu.à soupe de graines de fen.dans
- 1 cuillère à soupe d'origan
- 30 gr de sauce tomate
- Sel et poivre au goût

Méthode

1

Chauffez le four à 200 degrés.

2

Dans un bol, mélangez les ingrédients (sauf la tomate) et essayez de former des boules.

Placez-les sur une plaque à pâtisserie. Faites cuire pendant environ 20 minutes ou vérifiez l'intérieur de la galette pour voir si elle est cuite.

3

Dans une poêle, faites revenir une gousse d'ail, retirez-la et versez la tomate. Laissez-le réduire et assaisonnez-le avec un peu d'origan.

4

Sortez les boulettes de viande du four. Dans une autre poêle, faites-les frire pendant 5 minutes. Ensuite, mettez-les dans la poêle avec la sauce et laissez-les reposer encore 5 minutes.

Aubergines farcies

Temps de cuisson : 40 minutes

Difficulté : facile

Pour 4 personnes

Ingrédients

- 8 cuillères à soupe d'huile d'olive extra vierge
- 100g de chapelure
- 50g de noix
- 10 échalotes
- 1 gousse d'ail
- 8 tomates séchées
- 8 sottilette
- 3 feuilles de laurier
- 50 grammes de fromage par parmesan

Méthode

1

Chauffez le four à 200 degrés.

Couper les aubergines et les disposer en une seule couche dans un plat à four peu profond, côté coupé vers le haut. Badigeonnez d'une cuillère à soupe d'huile et faites cuire au four pendant 20 minutes.

2

Pour la garniture, coupez les noix, les échalotes et les tomates séchées au soleil en petits morceaux et mélangez tous les ingrédients dans un saladier. Ajoutez de l'eau si le mélange est trop épais.

3

Versez la garniture sur les courgettes et arrosez avec le reste de l'huile d'olive. Faites cuire pendant encore 15 minutes, jusqu'à ce qu'il y ait une croûte à la surface.

Sandwich au bœuf

Préparation : 10 minutes

Difficulté : facile

Pour 1 personne

Ingrédients

- 2 tranches de bœuf à l'huile d'olive ou de viande salée trentine
- 1 sandwich au lait
- tabasco
- Une touffe de salade
- mayonnaise

Méthode

1

Faites chauffer le gril.

Placez le bœuf sur une plaque à pâtisserie, l'ouverture vers le bas, et faites-le griller pendant 5 minutes, jusqu'à ce qu'il ait une croûte carbonisée.

Placez les tranches de pain dans une poêle et laissez-les reposer quelques minutes, jusqu'à ce qu'elles soient grillées. Répartir l'ail, l'huile, le sel et le tabasco.

2

Tartinez le pain avec la mayonnaise. Placez deux tranches de fromage fontina sur chaque tranche de pain. Ajoutez le bœuf pendant qu'il est encore chaud.

Bar cuit au four

Préparation : 30 minutes

Difficulté : facile

Pour 6 personnes

Ingrédients

-
-
-
-
- Une bisque de crustacés
- Un verre de vin blanc

Méthode

1

Chauffez le four à 200 degrés.

Placez les pommes de terre dans une casserole d'eau chaude, faites-les bouillir pendant 10 minutes et retirez-les.

2

Beurrez un grand plat à four.

Placez les filets de poisson préalablement découpés en filets à l'horizontale.

3

Épluchez les pommes de terre, disposez-les autour des filets de poisson et assaisonnez-les de sel.

Versez les olives et les câpres, le vin blanc et la bisque de crustacés.

4

Couvrir d'une feuille d'aluminium et mettre au four.

Faites cuire au four pendant 20 minutes et servez avec un peu d'origan.

Epeautre, champignons et fèves

Préparation : 40 minutes

Difficulté : facile

Portions : 4

Ingrédients

- 400gr d'épeautre
- 2 tasses d'eau
- 15gr de fèves
- Poivre au goût

Méthode

1

Dans une grande casserole, faites bouillir le farro dans de l'eau salée. Baissez le feu, couvrez avec un couvercle et laissez la moitié de l'eau s'évaporer pendant 20 minutes.

2

Retirez le couvercle, versez le bouillon et laissez cuire pendant 10 minutes supplémentaires.

3

Dans une poêle, faites sauter les champignons et les fèves dans une bonne quantité d'huile chaude. Ajoutez l'épeautre et faites cuire pendant 10 minutes supplémentaires. Saupoudrer de parmesan.

Ragoût traditionnel

Préparation : 20 minutes

Difficulté : facile

Pour 2 personnes

Ingrédients

- 1 oignon
- 5 cuillères à soupe d'huile d'olive
- 4 morceaux de viande de bœuf
- 1 carotte
-
- brin de romarin, haché
- 2 pommes de terre

Méthode

1

Dans une grande casserole, faire cuire l'oignon et l'ail dans l'huile d'olive pendant 5 minutes jusqu'à ce qu'ils soient ramollis et dorés. Ajouter les lanières de bœuf, le poivron, les tomates et le romarin et porter à ébullition. Laissez mijoter pendant 15 minutes jusqu'à ce que la viande soit bien cuite, en ajoutant de l'eau bouillante si nécessaire.

2

Laissez la viande se reposer.

Dans une poêle, faites revenir les carottes dans une bonne quantité de beurre et de romarin.

Versez le beurre sur le bœuf.

Répartissez la vinaigrette sur la viande et servez.

Calzone napolitaine

Préparation : 40 minutes

Difficulté : facile

Pour 3 personnes

Nutrition : Par portion

Ingrédients

- 300 g de farine 00
- 10gr de levure
- Sel au goût
- 100 gr de m mo mozzarella
- 50gr de salami épicé

Méthode

1

Mélangez la farine, la levure, l'huile et 500 ml d'eau chaude dans un bol jusqu'à obtenir une pâte caoutchouteuse.

Formez une boule, puis remettez-la dans le récipient humide pour la réchauffer.

2

Faites chauffer la tomate dans une grande quantité d'huile pendant au moins 30 minutes, jusqu'à ce qu'elle ait réduit.

Ajoutez le sel et 5 minutes avant d'éteindre le feu, ajoutez le basilic.

3

Chauffez le four à 200 degrés.

Coupez la pâte en trois morceaux et étalez-la sur une surface farinée. Mettez la moitié de la garniture sur le côté et l'autre moitié au milieu et badigeonnez d'un peu d'œuf si nécessaire. Repliez en recouvrant la garniture et faites des trous sur le bord.

Huilez un moule, placez-y les calzones et faites-les cuire pendant environ 20 minutes.

SWEETS

Tiramisu

Préparation : 35 minutes

Difficulté : facile

Pour 2 personnes

Ingrédients

- 2 jaunes d'oeufs
- 100g de sucre
- 50 50 de crème
- 100ml café
- 20 coussinets
- Poudre de cacao amer

Méthode

1

Mélangez les jaunes d'œufs et le sucre dans un bol avec un mixeur plongeant.

Dans un autre, battez le mascarpone avec la crème pendant environ 20 minutes. Laissez les deux composés refroidir dans le réfrigérateur.

2

Mélangez les œufs et la crème. Remettez au réfrigérateur pour refroidir.

3

Versez le café dans un bol. Plongez la moitié des doigts de dame dans le café et laissez-les un moment pour qu'ils prennent du goût. Ensuite, mettez-les dans un plat où vous avez saupoudré un peu de sucre.

Sur la face supérieure, étaler le mélange de mascarpone et d'œufs. Mettez l'autre moitié des doigts de dame dans le café, puis déposez-les sur la crème. Faites une autre couche en suivant le même schéma et recouvrez la dernière couche de crème de cacao en poudre.

Tarte aux cerises noires

Préparation : 2 heures et demie

Difficulté : moyenne

Portions : 4

Ingrédients

100g de beurre

50 gr sucre

200 g de farine 00

2 œufs

1 citron

Méthode

1

Préparez la pâte en mélangeant la farine, le beurre, le sucre, le sel et les deux œufs. Laissez-la reposer pendant environ une heure, afin qu'elle reste souple et maniable.

2

Faites fondre le beurre dans une poêle.

Battez ensemble les œufs restants, le sucre et un peu de zeste de citron. Vous devez faire une crème. Versez le beurre fondu et continuez à battre. A la fin, versez les amandes.

3

Mettez la pâte dans un moule à tarte et coupez les bords pour obtenir une forme parfaite. Mettez les cerises acides et un peu de leur jus sur le dessus.

4

Chauffez le four à 200 degrés.

Mettez la tarte au four et faites-la cuire pendant environ une heure et demie jusqu'à ce que la surface soit dorée.

Panna cotta au chocolat

Préparation : 20 minutes

Difficulté : facile

Portions : 4

Ingrédients

- 100ml de lait
- 20ml d'isinglass
- 200ml de crème crème crème
- 50 g sucre brun
- Chocolat noir fondu
- Pépites de chocolat

Méthode

1

Commencez par mélanger le lait, la crème et le sucre, en veillant à ne pas former de grumeaux. Si vous avez du sucre blanc ou du sucre en poudre, c'est bon, vous pouvez l'ajouter.

2

Versez l'ichtyocolle dans un récipient.

Portez le lait mélangé à ébullition, puis retirez-le du feu. Laissez refroidir un peu et versez ensuite l'isinglass. Placez les coupes dans le réfrigérateur pour refroidir pendant une heure.

3

Quand ils sont bien refroidis, prenez les tasses et renversez-les sur une assiette. Versez sur le chocolat fondu et les copeaux pour lui donner un peu de croquant.

Panna cotta aux baies

Préparation : 25 minutes

Difficulté : facile

Portions : 2

Ingrédients

- 50 lait lait
- 20ml d'isinglass
- 20g de sucre brun
- Baies (framboises, mûres, myrtilles)
- Confiture de baies sauvages

Méthode

1

Commencez par mélanger le lait, la crème et le sucre, en veillant à ne pas former de grumeaux. Si vous avez du sucre blanc ou du sucre en poudre, c'est bon, vous pouvez l'ajouter.

2

Versez l'ichtyocolle dans un récipient.

Portez le lait mélangé à ébullition, puis retirez-le du feu. Laissez refroidir un peu et versez ensuite l'isinglass. Versez le mélange dans des petits pots, puis placez-les au réfrigérateur pour qu'ils refroidissent pendant une heure.

3

Quand ils sont bien refroidis, prenez les tasses et renversez-les sur une assiette. Versez sur les baies et éventuellement un peu de confiture pour servir.

Baisers de dame

Préparation : 40 minutes

Difficulté : facile

Portions : 4 personnes

Ingrédients

- 100g de beurre
- 50 gr sucre
- 100g de farine 00
- 100gr pepites de chocolat

Méthode

1

Placez les amandes dans un mixeur ou un mortier et pilez-les longuement jusqu'à ce qu'elles soient réduites en miettes.

A ce stade, ajoutez le sucre, le beurre et battez le mélange en ajoutant un peu d'eau. A la fin, il doit être crémeux.

2

Placez la crème dans un bol. Saupoudrer la farine sur le dessus avec un tamis, bien mélanger et réfrigérer pour refroidir.

3

Huilez une plaque à pâtisserie.

Divisez la pâte en boules de la taille d'une noix et placez-les sur la plaque de cuisson. Faites-les cuire au four pendant 20 minutes.

4

Mettez les pépites de chocolat dans une casserole et faites-les cuire à feu doux pendant environ 15 minutes, en veillant à ne pas les laisser se condenser (remuez toujours avec une cuillère en bois).

Divisez les biscuits en deux et étalez le chocolat sur les deux surfaces, puis rapprochez-les. Mettez-les au réfrigérateur pour qu'ils refroidissent pendant une demi-heure.

Cannoli

Préparation : 50 minutes

Difficulté : moyenne

Portions : 4

Ingrédients

- 400g de farine
- 1 cuillère à soupe de sucre
- 2 cuillères à café de cacao en poudre
- 100 gr beurre
- 2 œufs
- Huile d'olive
- 100 g chocolat noir
- 300gr de ricotta
- 20 gr de fruits conf

Méthode

1

Mettez la farine, le sucre et le cacao dans un récipient. Ajoutez ensuite le beurre et mélangez le tout. Séparément, mélangez l'œuf avec le vin blanc et versez-le, avec un peu de sucre et de sel, dans le mélange jusqu'à ce qu'il soit lisse et velouté. Laissez refroidir au réfrigérateur.

2

Mettez de l'huile d'olive dans une poêle et faites-la chauffer à 160 degrés. Placez la pâte sur une surface lisse et étalez-la en une fine feuille. Créez la forme des cannoli avec un cercle de pâte de 10 centimètres de large et enroulez-le autour d'un moule. Puis mettez-les dans l'huile pour les faire frire.

3

La friture doit durer environ une minute. Les cannoli doivent être dorés et légèrement brûlés sur les bords. Retirez-les de l'huile en faisant attention de ne pas vous brûler et placez-les sur une feuille de papier absorbant.

4

Une fois sec, insérer le mélange de ricotta et de mascarpone et décorer avec du chocolat et des fruits confits.

Pandoro au citron et aux pistaches

Préparation : 15 minutes

Difficulté : facile

Pour 8 personnes

Ingrédients

- 2 citrons
- 4 cuillers de sucre en poudre
- 1 pandore

Méthode

1

Mettez la crème, le mascarpone, le zeste de citron et le sucre dans un récipient. Mixez le mélange jusqu'à ce qu'il forme une mousse, puis ajoutez les pistaches décortiquées et émiettées.

2

Faites huit tranches avec le pandoro. Sur chacun d'eux, répartissez le mélange avec quelques pistaches émiettées et quelques pistaches entières. Pressez un peu de jus de citron.

3

Superposer huit fois, en étalant les tranches avec le mélange à chaque fois. Terminez en saupoudrant de sucre glace.

Polenta aux myrtilles

Préparation : 45 minutes

Difficulté : facile

Pour 4 personnes

Ingrédients :

- 200 gr de beurre
- 225g de sucre brun
- 3 œufs
- 150 gr de polenta
- 20gr de farine 00
- 1 cuillère à café de levure
- 100 g de myes
- 100g de Philadelphie
- 50 de crème
- zeste de citron râpé

Méthode

1

Étaler une noix de beurre sur une plaque à pâtisserie.

Fouettez le beurre et le sucre jusqu'à l'obtention d'un mélange crémeux. Ajoutez ensuite l'œuf et continuez à mélanger jusqu'à obtenir un mélange homogène.

2

Faites une pâte avec la polenta, la farine et la levure. Ajoutez le zeste de citron. Versez la crème de polenta sur la plaque de cuisson et pressez quelques myrtilles sur le dessus, de manière à colorer le mélange. Placez dans le four et faites cuire pendant 15 minutes.

3

Après la cuisson, retirez la polenta et placez quelques myrtilles entières sur le dessus. Remettez au four pendant encore 15 minutes. Ensuite, sortez, saupoudrez de sucre en poudre et laissez refroidir au réfrigérateur.

4

Mélangez le philadelphia avec la crème et mettez un peu plus de citron. Répartissez la crème sur la polenta. Placez d'autres myrtilles et saupoudrez de sucre en poudre.

Panna cotta à la fraise

Préparation : 25 minutes

Difficulté : facile

Portions : 2

Ingrédients

- 50 lait lait
- 20ml d'isinglass
- 20g de sucre brun
- Confiture de fraises

Méthode

1

Commencez par mélanger le lait, la crème et le sucre, en veillant à ne pas former de grumeaux. Si vous avez du sucre blanc ou du sucre en poudre, c'est bon, vous pouvez l'ajouter.

2

Versez l'ichtyocolle dans un récipient.

Portez le lait mélangé à ébullition, puis retirez-le du feu. Laissez refroidir un peu et versez ensuite l'isinglass. Versez le mélange dans des petits pots, puis placez-les au réfrigérateur pour qu'ils refroidissent pendant une heure.

3

Quand ils sont bien refroidis, prenez les tasses et renversez-les sur une assiette. Versez sur les fraises et éventuellement un peu de confiture de fraises pour servir.

Meringue au citron

Préparation : 3 heures

Difficulté : moyenne

Pour 10 personnes

Ingrédients

- 400 gr beurre
- 400 gr de sucre en poudre
- 100 gr de farine 00
- 6 œufs
- 1 cuillère à café de levure
- 1 citron

Méthode

1

Beurrez un plat à four.

Dans une petite casserole, versez un litre d'eau et le sucre brun. Faites bouillir jusqu'à ce qu'elle ait la consistance d'une crème, au moins 20 minutes.

2

Dans un bol, battez le sucre en poudre et le beurre avec un fouet jusqu'à ce que le mélange soit légèrement mousseux. Ajoutez une cuillère à soupe de farine et continuez à mélanger, puis ajoutez progressivement les œufs tout en continuant à mélanger. Ajoutez un peu d'eau pour mieux mélanger la mixture.

3

Faites un mélange avec le beurre, le zeste de citron, la semoule de maïs et le sel.

Versez le sirop de sucre caramélisé. Placez le mélange sur la plaque de cuisson et répartissez-le en morceaux de taille égale. Faites cuire au four pendant 30 minutes.

4

Coupez le citron en tranches. Versez de l'eau et du sucre brun dans une casserole et faites bouillir. Puis, lorsque l'eau bout, mettez les tranches de citron et faites-les bouillir pendant 15 minutes pour qu'elles caramélisent.

5

À l'aide d'un chalumeau de cuisine, brûlez le dessus de la meringue et décorez avec des tranches de citron caramélisées.

Gâteau glacé au tiramisu

Préparation : 60 minutes

Difficulté : facile

Pour 4 personnes

Ingrédients

- 250 gr de beurre
- 115g de sucre en poudre
- 6 cuillères à soupe de rhum
- 60 g chocolat noir
- 10 cu cuillères à soupe de café
- 100g de sucre

Méthode

1

Beurrez un moule à pâtisserie. Fouettez le mascarpone, le beurre et la crème, puis ajoutez le chocolat noir petit à petit.

2

Mets le café moka sur la cuisinière. Versez dans une tasse avec le rhum et remuez bien.

3

Plongez les doigts de dame, un par un, dans le mélange de rhum et de café bouillant, en les laissant bien tremper de chaque côté. Ils doivent rester chauds même pendant la préparation du tiramisu.

Disposez-les horizontalement sur la plaque de cuisson.

4

Placez les biscuits restants dans la liqueur de café. Étalez la crème et repliez les doigts de dame les uns sur les autres, en prenant soin de nettoyer les bords de l'excès de crème.

Saupoudrer de cacao non sucré et servir.

Gâteau à la ricotta salée

Préparation : 50 minutes

Pour 6 personnes

Ingrédients

- 4 aubergines
- 4 tomates séchées
- Basilic au goût
- Une gousse d'ail
- 200gr de fromage ricotta
- 400 lait lait

Méthode

1

Mettez beaucoup d'huile dans une poêle, mettez une gousse d'ail et faites-la bouillir jusqu'à ce qu'elle soit dorée. Retirez l'ail.

2

Pendant ce temps, coupez les aubergines en lanières après les avoir lavées. Après avoir retiré l'ail, mettez les aubergines dans la poêle et faites-les cuire pendant environ 10 minutes à feu moyen, en faisant attention à ne pas les brûler.

3

Préparez un mélange de lait, de ricotta, de tomates séchées au soleil et de feuilles de basilic hachées. Ajoutez l'eau de cuisson au fur et à mesure. Lorsque les aubergines sont cuites, versez le mélange dans la poêle et laissez cuire ensemble pendant environ 5 minutes.

5

En dernier lieu, incorporez la farine progressivement afin que le plat devienne plus granuleux.

Retirez du feu, laissez refroidir et servez avec un saupoudrage de parmesan selon votre goût.

Gâteau à la crème

Préparation : 1 heure et 10 minutes
Difficulté : moyenne

Portions : 8 personnes
Ingrédients

- 100 gr beurre
- 100 gr sucre
- 8 œufs
- 2 tasses de farine 00
- 1 tasse de babeurre
- 1 cuillère à café d'extrait de vanille
- Une cuillère à soupe de sucre glace

Méthode

1

Mettez le beurre sur trois moules ronds pour que la pâte ne colle pas. Saupoudrez également un peu de farine.

2

Versez le sucre, le beurre et la farine dans un récipient. Mélangez et essayez de créer un mélange aussi crémeux que possible. Lorsqu'elle a atteint la consistance désirée, versez les œufs (juste le jaune) et la gousse de vanille.

3

Mélangez les noisettes avec le reste de la farine et du beurre. Créez un mélange crémeux et versez-le avec la pâte de vanille.

Faites des couches de crème en alternant avec du babeurre. Pour l'épaisseur, ajustez comme vous le souhaitez, de manière à donner la bonne consistance. Ajoutez également une certaine quantité de noisettes hachées.

4

Versez le tout dans les moules circulaires et faites cuire dans un four préchauffé à 200 degrés. Faites cuire au four pendant environ 40 minutes. Sortez les gâteaux, laissez-les refroidir et saupoudrez-les de sucre glace.

Gâteau au chocolat

Préparation : 1 heure
Difficulté : moyenne

Portions : 8 personnes
Ingrédients

- 100 gr beurre
- 100 gr sucre
- 8 œufs
- 2 tasses de farine 00
- 1 tasse de babeurre

Méthode

1

Mettez le beurre sur trois moules ronds pour que la pâte ne colle pas. Saupoudrez également un peu de farine.

2

Versez le sucre, le beurre et la farine dans un récipient. Mélangez et essayez de créer un mélange aussi crémeux que possible. Lorsqu'elle a atteint la consistance souhaitée, versez les œufs (uniquement le jaune) et les pépites de chocolat noir préalablement fondues dans une casserole.

3

Mélangez les noisettes avec le reste de la farine, le beurre et le cacao en poudre. Créez un mélange crémeux et versez-le avec le mélange de chocolat.

Faites des couches de crème en alternant avec du babeurre. Pour l'épaisseur, ajustez comme vous le souhaitez, de manière à donner la bonne consistance. Ajoutez également une certaine quantité de noisettes hachées.

4

Versez le tout dans les moules circulaires et faites cuire dans un four préchauffé à 200 degrés. Faites cuire au four pendant environ 40 minutes. Sortez les gâteaux, laissez-les refroidir et saupoudrez-les de cacao non sucré.

Pizza de Pâques de la région

des Marches

Préparation : 1 heure et 30 minutes

Difficulté : moyenne

Portions : 10

Ingrédients

- 10 saucisses
- 100gr de pain
- 1 mo mozzarella fior di latte
- 100gr de jambon cru
- 100gr de salami
- 10 œufs
- 20gr de sucre
- 20g de fromage par parmesan

Méthode

1

Retirer le boyau de la saucisse et l'émietter. Mettez-le dans une poêle avec de l'huile et de l'ail et faites-le frire.

2

Pétrissez la pâte à pain en la plaçant sur un plan de travail fariné et transférez-la dans un moule à pâtisserie.
Placez-la dans un moule et coupez les bords en excès.

3

Commencez à faire des couches sur le dessus des pâtes, composées de saucisse, de mozzarella, de prosciutto et de salami. Les couches doivent être bien alternées et ne doivent pas faire couler la sauce. Mettez au four à 200 degrés et faites cuire pendant 1 heure.

4

Sortez la pizza du four et laissez-la refroidir. Faites une pâte avec la ricotta, les œufs, le sucre et le parmesan. Répartissez le mélange sur l'extérieur de la pizza et remettez-la au four pendant encore 10 minutes pour bien la glacer.

5

Retirer du four, laisser refroidir et servir avec des sucres colorés sur le dessus.

Gâteau de riz

Préparation : 1 heure

Difficulté : moyenne

Portions : 10

Ingrédients

- 100 gr sucre
- 5 œufs
- 1 gousse de vanille
- 200ml de crème crème crème

Méthode

1

Dans un bol, mélangez les œufs et le sucre à l'aide d'un fouet.
Ajoutez la crème et la gousse de vanille et continuez à mélanger.

2

Utilisez une partie de la crème restante pour faire une crème avec la ricotta. Pour une version au chocolat, vous pouvez en mettre maintenant.
Mélangez les deux crèmes avec le riz préalablement cuit dans une grande quantité d'eau salée.

3

Placez le mélange dans un moule et transférez-le dans un plat de cuisson bien huilé.

Faites cuire pendant environ 40 minutes, en vérifiant le temps de cuisson de temps en temps. La couche supérieure doit devenir une croûte colorée.

Gâteau aux fraises

Préparation : 20 minutes
Difficulté : facile

Portions : 8
Ingrédients

-
  - 1 citron
  - 8 œufs
  - 1 gousse de vanille
  - 100gr de gén gén gén gén gâteau

Directions

1

Dans un bol, coupez les fraises en tranches et saupoudrez-les de sucre et de jus de citron. Les fraises vont devoir expulser leur jus qui deviendra une crème.

2

Mélangez le mascarpone, le rhum et un peu de sucre.
Cassez les œufs dans un bol et mélangez-les avec la gousse de vanille.

3

Versez le mélange dans un moule.

Mettez la crème au mascarpone sur le dessus, et les fraises avec leur jus sur le dessus encore.
Placez la pâte dans un plat à four et faites-la cuire pendant environ 20 minutes.

Gâteau au fromage à l'anis

Préparation : 45 minutes

Difficulté : facile

Portions : 4 personnes

Ingrédients

- 20ml de Sambuca
- 80 gr 80 de beurre
- 1 anis étoilé
- 10 biscuits émiettés
- 400gr de Philadelphie
- 4 œufs
- 1 gousse de vanille
- 100 gr sucre

Méthode

1

Faites tremper la sambuca et l'anis étoilé dans un verre, afin qu'il soit le plus aromatisé possible.

Mettez le beurre dans une poêle et faites-le fondre, puis ajoutez les biscuits émiettés. Ce mélange sera la base du gâteau.

2

Prenez un moule à gâteau d'environ 20 cm de large. Mettez le mélange de beurre et de biscuits dans la base, en essayant de bien l'égaliser avec une spatule.

3

Dans un bol, mélangez les œufs, la crème, la gousse de vanille, le sucre et la farine. Le mélange obtenu doit être très crémeux.

Retirez l'anis étoilé du verre et versez la Sambuca dans le mélange. Continuez à remuer.

4

Répartissez le mélange sur la base de biscuits émiettés. Faites cuire au four pendant 20 minutes et servez.

Gâteau italien au citron

Préparation : 45 minutes
Difficulté : facile

Portions : 8
Ingrédients

- 50 lait lait
- 8 œufs
- 100 gr beurre
- 1 gousse de vanille
- 30gr de Philadelphie
- 4 citrons

1

Faites fondre le beurre dans une poêle avec un morceau de gousse de vanille et un peu de zeste de citron râpé.

2

Mélangez le lait, le beurre, le sucre et les œufs et créez une émulsion moelleuse et savoureuse.

Veillez à ne pas abuser de la vanille.

Versez la crème dans un moule.

3

Mettez le moule au four et faites-le cuire pendant 30 minutes.

Faites un mélange avec le fromage, le lait, le sucre et la crème. A la fin, ajoutez le jus de 4 citrons. Ajoutez plus de sucre si nécessaire.

4

Coupez le gâteau horizontalement comme un sandwich et étalez la crème au citron à l'intérieur et à l'extérieur, à l'aide d'une spatule. Saupoudrer de sucre en poudre.

Biscuits aux figues

Préparation : 45 minutes

Difficulté : moyenne

Portions : 10

Ingrédients

- 100 gr de farine 00
- 50 gr sucre
- 1 cuillère à café de levure chimique
- 30 gr beurre
- 2 œufs

Directions

1

Mélangez la farine, le lait et le sucre dans un bol.
Ajoutez progressivement les œufs et la gousse de
vanille, en continuant à mélanger.
Coupez-la en quatre morceaux et laissez-la
refroidir.

2

Hacher les raisins secs et les figues séchées dans un
mortier ou avec un mixeur manuel, en ajoutant l'eau
et le sucre. Faites chauffer dans une poêle et ajoutez
une pincée de sel.

3

Prenez la pâte divisée en 4 morceaux et faites de nombreuses découpes rectangulaires d'environ 5 centimètres.

Dans chaque rectangle, étaler une cuillerée de garniture, en veillant à ce qu'elle ne sorte pas des bords.

Fermez les biscuits et placez-les dans un plat à four beurré. Faites-les cuire au four pendant 25 minutes.

CPSIA information can be obtained
at www.ICGtesting.com
Printed in the USA
LVHW080356120521
687183LV00011B/1160